사진으로 만나는
교황 프란치스코

Pope Francis

Thoughts and Words for the Soul

World copyright © 2014 by De Agostini Libri S.p.A.
Via Giovanni da Verrazano, 15-28100 Novara, Italy
Texts edited by Giuseppe Costa
Texts of the Holy Father Courtesy of the Libreria Editrice Vaticana
Photographs from the Photo Archives of L'Osservatore Romano

All rights reserved. No part of this publication may be reproduced, stored in a retrieval system or transmitted in any form or by any means, electronic, mechanical, photocopying, recording or otherwise, without written permission from the publisher.

Korean translation copyright © 2014 by RH Korea Co., Ltd.
All rights reserved.

This Korean translation published by arrangement with De Agostini Libri S.p.A.

이 책의 한국어판 저작권은 De Agostini Libri S.p.A.사와 독점 계약한 (주)알에이치코리아가 소유합니다. 저작권법에 의하여 한국 내에서 보호를 받는 저작물이므로 무단전재와 무단복제를 금합니다.

사 진 으 로 만 나 는
교황 프란치스코

교황 프란치스코 지음
주세페 코스타 엮음 | 이영아 옮김 | 김경집 감수

감수자의 글

"우리의 친구이자 아빠인 프란치스코를 소개합니다"

새로운 교황(나는 개인적으로 제국의 냄새가 나는 '교황'보다는 높은 분이라는 뜻의 '교종(敎宗)'이라는 이름이 좋다. 실제로 교황을 지칭하는 라틴어 'papa'나 영어 'pope'는 본래 '아빠' 혹은 '어버이'를 의미하는 말이다. 한국천주교주교회 의장인 강우일 주교도 꼭 교종이라고 부르는데, 이에 전적으로 동감하고 동의한다.)으로 아르헨티나 출신의 베르고글리오 추기경이 뽑혔을 때, 나는 살짝 전율을 느꼈다. 유럽 중심의 교회와 교황(물론 요한 바오로 2세가 400여 년 만에 나온 비이탈리아계 교황이었지만, 그 역시도 폴란드 출신이라는 점에서 유럽인이었다.)에서 벗어나 세계 교회로서 가톨릭교회 수장의 당위를 지지했기 때문이다. 그러나 진정한 감동은 베르고글리오 추기경이 '프란치스코'를 공식 교황명으로 택했을 때 느꼈다. 그가 그 이름을 택한 까닭은 프란치스코가 가난한 자들에게 베풀었던 사랑 때문이었다. 이것은 그 자체로 혁명이다!

교회에서 가장 흠숭하는 성인 가운데 한 사람이 바로 아시시의 프란치스코 성인임에도 불구하고, 지금껏 그 어떤 교황도 프란치스코 성인을 교황명으로 택하지 않았다는 것은 놀라운 사실이다. 역대 교황들 대부분이 위대한 사도나 대학자 혹은 뛰어난 통치자였던 성인의 이름을 택했던 이유는, 원하건 원하지 않건 '교황'이라는 지위가 통치의 자리이고, 실제로 엄청난 권력을 행사해온 자리이기 때문이었을 것이다. 그래서 평생을 가난한 이들의 벗으로 살아온 프란치스코 성인을 교황명으로 따르기란 꽤나 부담스러웠을 것이다. 그런데 베르고글리오 추기경이 비로소 그 청빈한 성인의 이름을 택한 것이다. 이것은 매우 상징적인 의미의 사건이다.

　교황 프란치스코는 기존의 수많은 권위와 독점적 혜택을 거부하고 교회의 쇄신을 꾀하고 있으며, 무엇보다 가난하고 힘없는 이들의 삶에 무한한 애정과 관심을 기울이고, 실제로 그들의 삶을 개선하기 위해 행동함으로써 세계인들을 감동시키고 존경받고 있다. 그는 세계적 슈퍼스타다! 종교와 종파를 막론하고 모든 사람이 그에게 열광하는 까닭은, 심지어 공산주의자가 아니냐는 극우주의자들의 의심과 비난에도 아랑곳하지 않으며 사람의 가치와 진정한 사랑의 실천에 대해 끊임없이 대변하고, 불의와 억압에 맞서 싸울 것을 권고하기 때문일 것이다. 아마도 교황 프란치스코와 엇비슷한 존경과 사랑을 받은 역대 교황을 꼽자면, 혜안과 사랑으로 제2차 바티칸공의회를 이끌어냈으며 만인에게 '파파 부오노(Papa Buono: 착한 교황)'라는 애칭으로 불린 요한 23세일 것이다.

　이 책에 수록된 글은 교황 프란치스코의 말씀들 가운데 고갱이에 해당한다. '차를 들면서 신학 문제들을 논하는 뻣뻣한' 그리스도인이 되기를 거부하고 '당신의 백성들과 함께 걷기'를 권하며 '공직자들에게 고용을 촉진하는 일에 전력을 기울일 것'을 격려하는 교황, '모든 소외된 자를 돕고 더 인간적이며 정의로운 사회를 만들기 위해 고결한 활동을 펼치라'고 외치며 '스스로를 낮추고 사랑의 장인처럼 소외된 자들에게 가까이 다가가 아픔을 달래주고 사랑을 시작할 힘을 내라'고 격려하는 교황에게 어느 누가 매료되지 않을 수 있을까.

사실 교황 프란치스코의 이러한 가르침은 신자유주의를 외치며 행복을 독점한 극소수의 강자와 부자에서 부담스러운 까닭에 그들의 미움을 받을 수도 있는, 쉽지 않은 선택이다. 심지어 그는 교회의 부패에 대해서도 감연히 메스를 가하고 있다. 이 또한 결코 쉽지 않은 결정이다. 그는 좌고우면하지 않고 그리스도의 참사랑을 의연하게 외치며 실천하고 우리에게 용기를 북돋운다. 지금 세계와 우리 사회의 양극화가 빚어낸 비인격적 상황은 어쩌면 예수 그리스도가 이 땅에 내려오셨을 때보다 훨씬 더 심화되고 비극적으로 치닫는지도 모른다. 그만큼 심각한 상황인데도 이를 제대로 깨닫지 못하거나, 변변한 저항도 못해보고 순응하거나 포기한 수많은 사람에게 용기와 희망을 불어넣는 교황 프란치스코의 가르침은 그 자체로 웅장한 감동이다.

이 책에는 복잡한 신학적 이론도 없고, 거창한 웅변도 없다. 그 대신 감동과 희망, 그리고 용기와 실천을 이끄는 힘이 가득하다. 강론과 대화 등에서 뽑아낸 교황 프란치스코의 언어는 평범하기까지 해서 어떠한 권위도 비집고 들어오지 못한다. 그러나 이미 그의 모든 말이 엄청난 진짜 권위로 자리 잡고 있다. 이것이 바로 이 책이 지닌 힘이다.

나는 불의와 부조리에 맞서 의연함을 천명한 교황 프란치스코의 선택 가운데 일대 사건으로 주목할 것 하나가, 해방신학의 선구자인 구스타보 구티에레스 신부를 교황청에 초대한 일이라고 본다. 해방신학은 불평등·가난·억압 등 '구조화된 불의'가 제도화된 폭력을 야기한다고 보았으며, 가난하고 억압받는 사람들의 시각에서 성서를 새롭게 읽어 교회가 그들의 편에 서는 것이 예수 그리스도의 뜻이라고 주장했다. 이러한 해방신학은 기존의 유럽 중심의 교회가 받아들이기에 상당히 부담스러웠고, 실제로 오랫동안 교회로부터 억압과 외면의 시련을 당해야 했다. 그 관계를 화해시킨 장본인이 교황 프란치스코이다.

사실 해방신학과 교황청 간의 불편한 관계는 역설적이게도, 전임 교황 베네딕토 16세가 신앙교리성 장관직에 대주교 뮐러 추기경을 임명하면서 그 화해의 실마리를 찾게 되었다. 뮐러 추기경은 해방신학을 반대하는 이들을 가리켜, 군사독재를 지지했던 '충격일 만큼 뻔뻔한' 죄인들이고 출세주의자라고 정의하면서 "자본주의 생산체제에 대한 그들의 이해관계가 그리스도교를 대신했다."라고 비판한 바 있다. '가난한 자를 위한 교회'를 천명한 교황 프란치스코가 해방신학과 교회를 화해시킨 이 장면은 매우 시사적이다. 그러나 불행하게도 이 사실에 주목하는 이들이 뜻밖에 적다. 그것이 지금 한국 교회가 안고 있는 안타까운 문제 가운데 하나이다. 분명 교회는, 그리고 사람들은 불의와 착취의 비인격성을 배격하고 억압과 탐욕에 맞서 싸우며 예수 그리스도의 사랑을 실천해야 하는 시대에 봉착했다. 이러한 시대적 당위를 외면한다면 교회는 설 자리를 잃게 될 것이다. 그 사실을 두려운 마음으로 받아들여야 한다.

책을 읽으면서 교황 프란치스코와 동시대에 살고 있다는 것이 얼마나 행복한지, 한 페이지 한 페이지 가볍게 넘기지 못하는 감격을 누렸다. 교황 프란치스코는 폭력이나 혁명을 주장하지도, 요구하지도 않는다. 그는 줄기차게 사랑을 외친다. 그것은 겉만 그럴듯한 교언영색이 아니며 강한 울림으로 우리를 움직이게 한다. 그 울림이 그의 아포리즘을 담은 이 책에 가득하다는 것은 그 자체로 이미 은총이고 행복이다. 이제 우리의 몫은 그의 가르침에 따라 실천하는 것뿐이다!

2014년 7월
인문학자 김경집

그렇다면 베르고글리오는 왜 예수회 수사가 되었을까? 〈라 치빌타 카톨리카〉의 편집자 안토니오 스파다로와의 인터뷰에서 교황은 다음과 같이 답했다.

"뭔가가 채워지지 않은 듯한 느낌이었습니다. 하지만 내가 진정 원하는 것이 무엇인지 잘 모르겠더군요. 그러다가 신학교에 들어갔습니다. 도미니크회가 마음에 들었고 거기 속한 친구들도 사귀었어요. 하지만 나중에는 예수회를 선택했습니다. 예수회 수사들이 그 신학교를 관리하고 있어서 예수회에 대해 잘 알게 되었는데 예수회의 선교 사업, 공동체와 규율에 대한 인식이 인상적이었습니다. 이건 참 신기한 일입니다. 왜냐하면 저는 천성적으로 규율을 잘 지키지 못하는 아이였거든요. 하지만 그들이 계율과 시간을 체계적으로 사용하는 방법에 깊이 감명받았습니다. 그리고 또 하나, 내게 가장 중요한 것은 공동체입니다. 나는 언제나 공동체를 찾고 있었습니다. 나는 나 자신을 사제로만 생각지 않았어요. 내겐 공동체가 필요했지요. 내가 여기 산타마르타 공동 숙소에서 지내고 있는 것도 바로 그런 이유에서이지요. 교황으로 선출되었을 때 나는 제비뽑기로 지정받은 207호에서 생활하고 있었습니다. 제가 지금 묵고 있는 곳은 원래 객실이었습니다. 나는 교황이 된 뒤 201호에서 지내기로 했습니다. 교황 관저를 받았을 때 단호하게 '안 돼!'라고 생각했습니다. 아포스톨릭 궁의 교황 방은 사치스럽지 않습니다. 오래되고 고상하게 장식되어 있으며, 널찍하지만 화려하지는 않아요. 하지만 그 방은 뒤집어 놓은 병목이나 마찬가지죠. 내부는 넓고 크지만 입구는 정말 좁거든요. 사람들이 마치 점안기를 통과하듯 방으로 찔끔찔끔 들어오는데, 나는 정말 사람들 없이는 살 수가 없어요. 다른 사람들과 어울려 살아

야 합니다."

1973년 7월 31일, 호르헤 마리오 베르고글리오 신부는 아르헨티나 예수회 관구장으로 선출되었고 1979년까지 재임했다. 그 직책을 맡고 나서 그가 내린 첫 번째 결정은 부에노스아이레스의 살바도르 대학에서 예수회원들을 빼낸 것이었다.

6년간의 관구장 임기를 마친 그는 다시 산호세의 막시모 학교 학장직을 맡고, 부에노스아이레스에서 30킬로미터 정도 떨어진 산미겔의 산주세페라는 새로운 교구의 본당신부가 되었다.

1986년 3월, 독일로 짧은 여행을 떠난 그는 프랑크푸르트에 있는 명망 높은 장크트 게오르겐 철학 신학 대학에서 강의를 듣거나 뮌헨의 과르디니 문서보관소에서 시간을 보내며 로마노 과르디니의 철학서 《대립》을 더욱 깊이 파고들었다. 아르헨티나로 돌아가자마자 그는 부에노스아이레스의 엘살바도르 대학으로 보내졌고, 나중에는 코르도바 예수회 교회에 영성 지도자 겸 고해신부로 파견되었다.

교황이 사용하는 말에는 예수회 교회와 아르헨티나 사회에서의 경험이 종종 묻어난다. 그의 친구이자 스승인 스카노네 신부는 다음과 같이 밝혔다.

"아르헨티나의 신학은 페론주의(아르헨티나의 대통령이었던 후안 페론의 전체주의 사상—옮긴이 주)가 만들어낸 문화적 풍토에 큰 영향을 받았다. 페론주의는 부에노스아이레스로 조용히 섞여들던 그 유명한 데스카미사도(Descamisado: '셔츠를 입지 않은 사람'이라는 뜻—옮긴이 주)들, 즉 오지 출신의 하층 노동자들

을 정치적으로 중요하게 부각시켰다. 페론주의에 따르면 중요한 것은 계급이 아니라 민중이다. 민중은 하나의 범주로 이해되고 받아들여진다. 마르크스주의에서처럼, 그들은 갈등이 아니라 화합을 통해 결의하고 행동을 개시하는 존재로 여겨진다. '촌락의 신학'은 아르헨티나에서 탄생했으며 구스타보 구티에레스와 나를 비롯한 몇몇 사람들은 그것을 해방신학 내의 특징적인 흐름으로 보지만, 다른 사람들은 그것을 따로 구분 지어 생각한다. 이런 신학은 계급투쟁이 아니라 갈등을 해결하려는 민중의 화합을 통해 생겨난다. 마르크스주의에서 화합은 오직 마지막에, 계급 없는 사회에서만 나타난다. 이런 관점에서 베르고글리오가 자신이 매우 존경하는 로마노 과르디니의 대립 이론을 분석하기 위해 독일로 향한 것은 흥미로운 일이다. 해방신학의 창시자인 구스타보 구티에레스는 어느 날 내게, 마르크스주의뿐만 아니라 페론주의도 가난한 사람들을 위해 싸우는 이들을 대변하는 이념 같다고 고백했다. 여기서 베르고글리오가 주장하고 있는 몇 가지 단호한 논점들이 떠오른다. 전체가 부분의 합보다 더 훌륭하다, 화합이 갈등을 이긴다, 현실이 사상보다 더 중요하다, 시간이 공간보다 우위에 있다 등이 그것이다."

1992년 베르고글리오는 부에노스아이레스의 보좌주교로 임명되었다. 6년 뒤인 1998년 2월 28일에는 부에노스아이레스 대주교를 맡았고 그로부터 3년이 지난 2001년 2월 21일에 요한 바오로 2세로부터 추기경으로 서임되었다. 2005년, 베네딕토 16세를 선출한 콘클라베(교황을 선출하는 전 세계 추기경들의 비밀회의―옮긴이 주)에 참여한 그는 라칭거 추기경에 반대하는 추기경들의 표를 얻었다.

아르헨티나로 돌아간 베르고글리오 추기경은 교구민들을 돌보는 일에 전념하면서, 자선 활동과 연대 형성에 중점을 두었다. 그 뒤에는 아르헨티나 예수회의 관구장이 이미 시작한 과업을 이어받아, 군부 독재의 희생자들을 해방시키고 그들을 돕는 일에 매진했다. 베르고글리오의 보호가 없었다면 그 자신도 기억 못할 만큼 길었던 '데사파레시도(Desaparecido: 행방불명자—옮긴이 주)' 명단에 더욱 많은 죄수가 이름을 더했을 것이다.

그는 아르헨티나 주교회의 의장, 그리고 2007년 브라질 아파레시다에서 열린 라틴아메리카 주교회의(CELAM) 제5차 총회의 최종 문헌을 준비하는 위원회 위원장을 맡으면서 교회와 라틴아메리카 사이의 복잡한 문제들에 관해 더 폭넓은 지식을 얻게 되었다. '교구민들이 예수 그리스도 안에서 살 수 있게 해주는 예수 그리스도의 사도들과 전도사들'을 전반적인 주제로 한 아파레시다 문헌을 보면, 교황 프란치스코를 사로잡고 있는 여섯 가지 기본 관심사를 알 수 있다.

- 모든 사목 활동에서 성경적 영성을 깨닫는다.
- 사람들을 주일 성체성사에 참여시켜 그들의 삶을 충만하게 한다.
- 교회의 모든 구조가 근본적으로 선교의 성격을 띠도록 혁신을 단행한다.
- 가난한 자들과 소외된 자들을 위한 선택임을 재차 확인한다.
- 사람들과 따뜻하고 친밀한 관계를 키워나간다.
- 모든 이가 공적인 의무를 다하도록 격려한다.

공식 문헌과 직접적인 관계 없이 추기경 베르고글리오로서 또는 교황 프란치스코로서 그가 저술한 글을 보면 라틴아메리카와 카리브해 주교총회의 관점, 그리고 실천 및 역학과 일치하는 점을 찾을 수 있다. 구체적으로 다음 사안들에서 그렇다.

- 현실에 대한 사목적 접근법(교리상의 원칙과 정의가 아닌 현실적이고 구체적인 상황에서 시작하여, 그 상황들을 복음의 관점으로 설명한 다음 구체적인 행동 방침을 제안한다.)
- 지리적인 주변부뿐만 아니라 가난하고 소외된 자들이 있는 실존적인 주변부까지 뻗어가는, '자기 참조적'이지 않은 교회에 대한 고집(교황 프란치스코가 말하는 자기 참조적인 교회란 복음 전파보다는 교회 보존에 열을 올리는 폐쇄적인 교회를 의미한다.—옮긴이 주)
- 어떤 개인이나 단체가 물질이나 권력, 문화나 사회적 특권을 이기적으로 축적하는 행태를 없애고, 모든 형태의 주변화와 배척을 철폐하기 위해 실천해야 할 '교감과 참여'라는 두 가지 구체적 명제(직접적으로 표현되지는 않지만.)

2013년 3월 13일부터 교황 프란치스코는 바티칸 교황청을 개혁하고 그 건전성을 회복하는 일에 전념해왔다. 그는 오스카르 로드리게스 마라디아가 추기경을 위시한 여덟 명의 추기경으로 위원회를 구성하여, 교회와 가톨릭교도 그렇다면 베르고글리오는 왜 예수회 수사가 되었을까? 〈라 치빌타 카톨리카〉의 편집자 안토니오 스파다로와의 인터뷰에서 교황은 다음과 같이 답했다.

"뭔가가 채워지지 않은 듯한 느낌이었습니다. 하지만 내가 진정 원하는 것이 무엇인지 잘 모르겠더군요. 그러다가 신학교에 들어갔습니다. 도미니크회가 마음에 들었고 거기 속한 친구들도 사귀었어요. 하지만 나중에는 예수회를 선택했습니다. 예수회 수사들이 그 신학교를 관리하고 있어서 예수회에 대해 잘 알게 되었는데 예수회의 선교 사업, 공동체와 규율에 대한 인식이 인상적이었습니다. 이건 참 신기한 일입니다. 왜냐하면 저는 천성적으로 규율을 잘 지키지 못하는 아이였거든요. 하지만 그들이 계율과 시간을 체계적으로 사용하는 방법에 깊이 감명받았습니다. 그리고 또 하나, 내게 가장 중요한 것은 공동체입니다. 나는 언제나 공동체를 찾고 있었습니다. 나는 나 자신을 사제로만 생각지 않았어요. 내겐 공동체가 필요했지요. 내가 여기 산타마르타 공동 숙소에서 지내고 있는 것도 바로 그런 이유에서이지요. 교황으로 선출되었을 때 나는 제비뽑기로 지정받은 207호에서 생활하고 있었습니다. 제가 지금 묵고 있는 곳은 원래 객실이었습니다. 나는 교황이 된 뒤 201호에서 지내기로 했습니다. 교황 관저를 받았을 때 단호하게 '안 돼!'라고 생각했습니다. 아포스톨릭 궁의 교황 방은 사치스럽지 않습니다. 오래되고 고상하게 장식되어 있으며, 널찍하지만 화려하지는 않아요. 하지만 그 방은 뒤집어 놓은 병목이나 마찬가지죠. 내부는 넓고 크지만 입구는 정말 좁거든요. 사람들이 마치 점안기를 통과하듯 방으로 찔끔찔끔 들어오는데, 나는 정말 사람들 없이는 살 수가 없어요. 다른 사람들과 어울려 살아

야 합니다."

 1973년 7월 31일, 호르헤 마리오 베르고글리오 신부는 아르헨티나 예수회 관구장으로 선출되었고 1979년까지 재임했다. 그 직책을 맡고 나서 그가 내린 첫 번째 결정은 부에노스아이레스의 살바도르 대학에서 예수회원들을 빼낸 것이었다.

 6년간의 관구장 임기를 마친 그는 다시 산호세의 막시모 학교 학장직을 맡고, 부에노스아이레스에서 30킬로미터 정도 떨어진 산미겔의 산주세페라는 새로운 교구의 본당신부가 되었다.

 1986년 3월, 독일로 짧은 여행을 떠난 그는 프랑크푸르트에 있는 명망 높은 장크트 게오르겐 철학 신학 대학에서 강의를 듣거나 뮌헨의 과르디니 문서보관소에서 시간을 보내며 로마노 과르디니의 철학서《대립》을 더욱 깊이 파고들었다. 아르헨티나로 돌아가자마자 그는 부에노스아이레스의 엘살바도르 대학으로 보내졌고, 나중에는 코르도바 예수회 교회에 영성 지도자 겸 고해신부로 파견되었다.

 교황이 사용하는 말에는 예수회 교회와 아르헨티나 사회에서의 경험이 종종 묻어난다. 그의 친구이자 스승인 스카노네 신부는 다음과 같이 밝혔다.

 "아르헨티나의 신학은 페론주의(아르헨티나의 대통령이었던 후안 페론의 전체주의 사상―옮긴이 주)가 만들어낸 문화적 풍토에 큰 영향을 받았다. 페론주의는 부에노스아이레스로 조용히 섞여들던 그 유명한 데스카미사도(Descamisado: '셔츠를 입지 않은 사람'이라는 뜻―옮긴이 주)들, 즉 오지 출신의 하층 노동자들

을 정치적으로 중요하게 부각시켰다. 페론주의에 따르면 중요한 것은 계급이 아니라 민중이다. 민중은 하나의 범주로 이해되고 받아들여진다. 마르크스주의에서처럼, 그들은 갈등이 아니라 화합을 통해 결의하고 행동을 개시하는 존재로 여겨진다. '촌락의 신학'은 아르헨티나에서 탄생했으며 구스타보 구티에레스와 나를 비롯한 몇몇 사람들은 그것을 해방신학 내의 특징적인 흐름으로 보지만, 다른 사람들은 그것을 따로 구분 지어 생각한다. 이런 신학은 계급투쟁이 아니라 갈등을 해결하려는 민중의 화합을 통해 생겨난다. 마르크스주의에서 화합은 오직 마지막에, 계급 없는 사회에서만 나타난다. 이런 관점에서 베르고글리오가 자신이 매우 존경하는 로마노 과르디니의 대립 이론을 분석하기 위해 독일로 향한 것은 흥미로운 일이다. 해방신학의 창시자인 구스타보 구티에레스는 어느 날 내게, 마르크스주의뿐만 아니라 페론주의도 가난한 사람들을 위해 싸우는 이들을 대변하는 이념 같다고 고백했다. 여기서 베르고글리오가 주장하고 있는 몇 가지 단호한 논점들이 떠오른다. 전체가 부분의 합보다 더 훌륭하다, 화합이 갈등을 이긴다, 현실이 사상보다 더 중요하다, 시간이 공간보다 우위에 있다 등이 그것이다."

1992년 베르고글리오는 부에노스아이레스의 보좌주교로 임명되었다. 6년 뒤인 1998년 2월 28일에는 부에노스아이레스 대주교를 맡았고 그로부터 3년이 지난 2001년 2월 21일에 요한 바오로 2세로부터 추기경으로 서임되었다. 2005년, 베네딕토 16세를 선출한 콘클라베(교황을 선출하는 전 세계 추기경들의 비밀회의—옮긴이 주)에 참여한 그는 라칭거 추기경에 반대하는 추기경들의 표를 얻었다.

아르헨티나로 돌아간 베르고글리오 추기경은 교구민들을 돌보는 일에 전념하면서, 자선 활동과 연대 형성에 중점을 두었다. 그 뒤에는 아르헨티나 예수회의 관구장이 이미 시작한 과업을 이어받아, 군부 독재의 희생자들을 해방시키고 그들을 돕는 일에 매진했다. 베르고글리오의 보호가 없었다면 그 자신도 기억 못 할 만큼 길었던 '데사파레시도(Desaparecido: 행방불명자―옮긴이 주)' 명단에 더욱 많은 죄수가 이름을 더했을 것이다.

그는 아르헨티나 주교회의 의장, 그리고 2007년 브라질 아파레시다에서 열린 라틴아메리카 주교회의(CELAM) 제5차 총회의 최종 문헌을 준비하는 위원회 위원장을 맡으면서 교회와 라틴아메리카 사이의 복잡한 문제들에 관해 더 폭넓은 지식을 얻게 되었다. '교구민들이 예수 그리스도 안에서 살 수 있게 해주는 예수 그리스도의 사도들과 전도사들'을 전반적인 주제로 한 아파레시다 문헌을 보면, 교황 프란치스코를 사로잡고 있는 여섯 가지 기본 관심사를 알 수 있다.

- 모든 사목 활동에서 성경적 영성을 깨닫는다.
- 사람들을 주일 성체성사에 참여시켜 그들의 삶을 충만하게 한다.
- 교회의 모든 구조가 근본적으로 선교의 성격을 띠도록 혁신을 단행한다.
- 가난한 자들과 소외된 자들을 위한 선택임을 재차 확인한다.
- 사람들과 따뜻하고 친밀한 관계를 키워나간다.
- 모든 이가 공적인 의무를 다하도록 격려한다.

공식 문헌과 직접적인 관계 없이 추기경 베르고글리오로서 또는 교황 프란치스코로서 그가 저술한 글을 보면 라틴아메리카와 카리브해 주교총회의 관점, 그리고 실천 및 역학과 일치하는 점을 찾을 수 있다. 구체적으로 다음 사안들에서 그렇다.

- 현실에 대한 사목적 접근법(교리상의 원칙과 정의가 아닌 현실적이고 구체적인 상황에서 시작하여, 그 상황들을 복음의 관점으로 설명한 다음 구체적인 행동 방침을 제안한다.)
- 지리적인 주변부뿐만 아니라 가난하고 소외된 자들이 있는 실존적인 주변부까지 뻗어가는, '자기 참조적'이지 않은 교회에 대한 고집(교황 프란치스코가 말하는 자기 참조적인 교회란 복음 전파보다는 교회 보존에 열을 올리는 폐쇄적인 교회를 의미한다.—옮긴이 주)
- 어떤 개인이나 단체가 물질이나 권력, 문화나 사회적 특권을 이기적으로 축적하는 행태를 없애고, 모든 형태의 주변화와 배척을 철폐하기 위해 실천해야 할 '교감과 참여'라는 두 가지 구체적 명제(직접적으로 표현되지는 않지만.)

2013년 3월 13일부터 교황 프란치스코는 바티칸 교황청을 개혁하고 그 건전성을 회복하는 일에 전념해왔다. 그는 오스카르 로드리게스 마라디아가 추기경을 위시한 여덟 명의 추기경으로 위원회를 구성하여, 교회와 가톨릭교도들의 영적 삶을 새롭게 할 개혁을 모색하고 있다. 교황은 자비를 사랑하고 대변하는 하느님에 대한 확신을 통해 우리에게 희망을 불어넣는 인물이다. 로마의 주교로서 그는 자신의 역사의 주인공이 되고 하느님의 부르심에 책임감 있게 응답하기 위해 애쓰며, 믿는 자와 믿지 않는 자 모두의 마음을 움직이고 있다.

차례

사진으로 만나는 교황 프란치스코 • 30

감수자의 글 • 4 | 서문 • 9 | 들어가는 글 • 12 | 감사의 글 • 216

FRANCISCUS

13TH MARCH 2013

ANNUNTIO VOBIS GAUDIUM MAGNUM;
HABEMUS PAPAM:

EMINENTISSIMUM AC REVERENDISSIMUM
DOMINUM,
DOMINUM GEORGIUM MARIUM
SANCTAE ROMANAE ECCLESIAE
CARDINALEM BERGOGLIO
QUI SIBI NOMEN IMPOSUIT FRANCISCUM

여러분에게 큰 기쁨을 전해드립니다.
새 교황이 탄생하셨습니다!
지극히 탁월하시고 귀하신 분,
거룩한 로마의 주교 호르헤 마리오 베르고글리오이십니다.
이분은 프란치스코라는 이름을 택하셨습니다.

영혼을 위한 생각과 말

이제 우리는 주교와 백성으로서
이 여정을 시작합니다. 이것은 모든
교회를 박애로 이끄는 로마 교회의
여정입니다. 우리 사이의 형제애와
사랑과 신뢰의 여정입니다.
언제나 서로를 위하여 기도합시다.
위대한 형제애의 정신이 깃들 수 있도록
전 세계를 위하여 기도합시다.

하느님은 애매한 존재가 아닙니다.
우리의 하느님은 '물보라'가 아닙니다.
추상적이지 않으며 분명히 실재하시는 그분은
이름을 가지고 계십니다.
하느님은 사랑입니다.
그분의 사랑은 감상적이거나 감정적이지 않으며
모든 생명의 기원인 성부(聖父)의 사랑,
십자가 위에서 돌아가신 성자(聖子)의 사랑,
인간과 세상을 새로이 하시는
성령(聖靈)의 사랑입니다.

우리는 그리스도인이 되는 것을, 그리스도인으로 사는 것을
두려워해서는 안 됩니다! 그리스도의 부활을 선포할 용기를 가져야 합니다.
그분은 우리의 평화이며, 당신의 사랑과 용서와 피와 자비로
평화를 이루셨으니까요.

하느님의 사랑을, 예수님의 사랑을 잊지 맙시다.

그분은 우리를 지켜보고, 우리를 사랑하시며,

우리를 기다리고 계십니다. 그분은 다정하시고 자비로우십니다.

믿음으로 예수님께 나아갑시다.

그분은 언제나 우리를 용서해주십니다.

하느님의 얼굴은 인내하는
자애로운 아버지의 모습입니다.
우리 모두를 참아내시는 하느님의
인내심에 대해 생각해본 적 있습니까?
그것이 바로 그분의 자비입니다.
그분은 언제나 참으시고, 우리를
인내하시고, 이해하시고, 기다리시며,
우리가 깊이 뉘우치는 마음으로
그분께 돌아가기만 한다면
늘 우리를 용서하십니다.

믿음의 문턱을 넘어서려면 경탄하는 눈과 나태함에 길들여지지 않는 마음을 지녀야 합니다. 그리고 한 여인이 아이를 낳을 때마다 그 아이의 인생에 모험이 계속되리라는 것을, 우리가 아이들의 순수함에 관심을 기울이는 것은 밝은 미래를 보장하는 일임을, 노인의 헌신적인 삶을 소중히 여기는 것은 올바른 행동이자 우리의 뿌리를 보살피는 일임을 깨달아야 합니다.

사랑은 차별하지도 비교하지도 않습니다. 그것은 우정의 모습이기도 합니다. 우리는 친구들을 있는 모습 그대로 받아들이며, 그들에게 진실을 말합니다. 사랑의 모습은 모두가 함께하는 모습이기도 합니다. 사랑은 우리에게 친구 곁에 있으라고, 타인과 함께하라고, 다른 시민들 곁에 있으면서 많은 사람과 함께하라고 재촉합니다. 이러한 모습은 따뜻한 우정의 토대, 경제적 차이와 이념적 차이에 대한 존중의 토대가 됩니다. 또한 모든 자원봉사 활동의 밑바탕이 되기도 하지요. 포용하는 공동체가 만들어지지 않는다면 소외된 사람들은 스스로 살아갈 수 없습니다.

여기에 한 가지를 더 추가하겠습니다. 남을 돌보고 지켜줄 때에는 선량하고 상냥한 마음으로 해야 합니다. 복음서에서 성 요셉은 강인하고 용감한 남자, 노동하는 남자로 등장하지만, 우리는 그의 마음에서 상냥함을 엿볼 수 있습니다. 이는 나약한 자의 미덕이 아니라 강인한 영혼의 상징이자, 관심과 연민과 진정한 관대함과 사랑을 베풀 줄 아는 능력입니다. 선량함과 상냥함을 두려워해서는 안 됩니다!

어느 시대든 어느 곳이든,
하느님이 교회에서 선포하시고
그리스도인들이 목도한 그 말씀에 따라,
예수 그리스도가 하느님의 사랑과
자비의 화신임을 믿는 자들은
복이 있습니다.
그리고 우리 모두가 바로 그렇지요!

교회는 선교사입니다.
그리스도는 복음의 기쁨을
온 세상에 전하려
우리를 보내셨습니다.

그리스도는 인류를 위하여 단번에 자신을 드리고 다시 살아나셨습니다. 악의 노예에서 선한 자유로 건너가신 이 부활의 힘은 모든 시대에 우리의 실존, 우리의 일상생활 속에서 성취되어야 합니다. 우리는 얼마나 많은 황무지를 건너가야 합니까! 특히 하느님이나 이웃의 사랑이 없을 때, 조물주께서 우리에게 주셨으며 지금도 계속 주고 계시는 만물을 지켜야 함을 깨닫지 못할 때, 우리 내면에 황무지가 생깁니다. 하느님의 자비는 아무리 메마른 땅이라도 푸르른 정원으로 만들며 마른 뼈를 되살립니다.

환경이나 천지 만물에 대해 얘기할 때면 저는 성경의 첫 페이지, 창세기가 떠오릅니다. 거기에는 하느님이 인간들을 이 세상에 두어 그곳을 일구고 돌보게 하신다는 말씀이 적혀있지요(창세기 2장 15절). 이 세상을 일구고 돌본다는 게 무슨 의미일까요? 우리는 진정 천지 만물을 돌보고 있습니까, 아니면 착취하고 경시하고 있습니까? '일구다'라는 동사는 땅을 비옥하게 하고 농작물을 다른 사람들과 나누기 위해 애쓰는 농부의 모습을 연상시킵니다. 이 얼마나 위대한 배려이고 열의이며 헌신입니까! 천지 만물을 일구고 돌보는 것은 역사가 시작될 때부터 하느님이 우리 모두에게 지시하신 일입니다. 그분이 세우신 계획의 일부인 것입니다. 우리는 책임감을 가지고 세상을 더욱 강하게 만들며, 더불어 살아갈 수 있는 정원이 되도록 이 땅을 탈바꿈시켜야 합니다.

여행하기에 대하여.

"야곱 집안아, 자, 주님의 빛 속에 걸어가자(이사야서 2장 5절)." 하느님은 아브라함에게 처음으로 이렇게 말씀하셨지요. "너는 내 앞에서 살아가며 흠 없는 이가 되어라." 우리의 인생은 여행이며, 우리가 움직임을 멈추면 탈이 생깁니다. 주님의 현존 안에서, 주님의 빛 속에서, 하느님이 아브라함과 약속하시며 부탁했던 흠 없는 삶을 실천하기 위해 애쓰며 끊임없이 여행해야 합니다.

역사적인 사건이 일어나면 다양한 해석을 하는데, 이때 신앙적인 측면을 고려할 수도 있습니다. 교회에서 생기는 일들은 정치적이거나 경제적인 사건보다는 분명 덜 복잡하지요. 하지만 교회의 일들은 한 가지 근원적인 특징을 지니고 있습니다. 바로 우리에게 익숙한 '세속적인' 범주에 부합하지 않는 틀을 따른다는 것이지요. 그래서 교회의 일을 해석하여 대중에게 전달하기란 쉽지 않습니다. 교회에 뒤따르는 모든 일을 살펴보면 그것은 분명 인간적이고 역사적인 제도이지만, 그 본질은 정치적이지 않고 영적입니다. 교회는 예수 그리스도를 만나기 위해 앞으로 나아가는 하느님의 백성, 하느님의 성스러운 백성입니다. 오로지 이런 관점에서만 교회의 삶과 활동을 만족스럽게 설명할 수 있습니다.

그리스도는 교회의 정신적 지도자이시지만,
그분은 인간들의 해방을 위해 언제나 우리와 함께해오셨습니다.
그 인간들 가운데 한 사람이 그리스도의 대리자,
사도 베드로의 후계자로 선택받습니다.
그렇다 해도 베드로의 후계자가 아닌 그리스도가 여전히 중심입니다.
그리스도, 그리스도가 중심이십니다…….

……그리스도는 근본적인 기준이자 교회의 심장이십니다. 그분이 아니면 베드로와 교회는 존재하지도 않을 것이며 존재할 이유도 없습니다. 베네딕토 16세께서 늘 우리에게 깨우쳐주셨듯이, 그리스도는 교회에 계시며 교회를 인도하십니다.

부활하신 그리스도의 성령은
사도들의 마음에서 두려움을
쫓아내고, 그들이 로마를 떠나
복음을 전파하도록 재촉하였습니다.
우리 또한 부활하신 그리스도를
더욱더 용감하게 증언합시다!

그리스도인의 삶은 전투를 전제로 하는 투쟁과 같습니다. 하지만 "우리의 전투 상대는 인간이 아니라, 권세와 권력들과 이 어두운 세계의 지배자들과 하늘에 있는 악령들입니다(에페소서 6장 12절)." 우리의 치수에 맞게 만들어진 무기로는 이 전투에서 이길 수 없습니다. "악한 날에 그들에게 대항할 수 있도록, 그리고 모든 채비를 마치고서 그들에게 맞설 수 있도록(13절)" 하려면 "하느님의 갑옷"이 필요합니다. 그리고 하느님의 무기는 바로 십자가입니다. 그 위에서 사악함은 완전히 굴복하고 맙니다.

주일마다 만나
서로 인사하고,
지금 우리가 하고 있듯이
광장에서
이야기를 나누는 것은
우리 그리스도인에게
아름답고 중요한 일입니다.
언론 매체 덕분에
광장은 세계적인 차원의
장소가 되었지요.

사랑을 시작하는 것은
상대방을 설득하고 그에게
귀를 기울이고 더 가까워지기 위해
자신이 가진 모든 것을 동원하여
노력하는 사람들, 인내하는 사람들,
장인들의 노동입니다. 이 온화한
장인들이 마력을 발휘하여 사랑을
창조하고 있습니다.

전례의 아름다움은 치장이나 좋은 옷감에 있지 않고
하느님의 백성들 안에서 눈부시게 빛나는 그분의 영광에 있습니다.
이제는 이 아름다움에서 더 나아가 활동과 행동으로
눈길을 돌려봅시다…….

……아론의 머리에 부어지는 귀중한 기름은 그의 인격에 향기를 더해줄 뿐만 아니라 '주변'까지 흘러넘칩니다. 주님은 분명 이렇게 말씀하실 겁니다. 당신의 기름 부으심은 가난한 자들, 죄수들, 병자들, 그리고 슬프고 외로운 사람들을 위해서라고 말입니다. 사랑하는 형제 여러분, 기름 부음은 비단 우리를 향기롭게 하기 위함만이 아니며, 기름을 병 속에만 두어서는 더더욱 안 됩니다. 그렇게 되면 기름은 고약한 냄새를 풍기고…… 마음은 괴로워질 테니까요.

어떤 장애물과 오해 속에서도
우리가 받은 진정한 보물인
믿음을 지키고, 하느님에 대한
충만한 믿음을 새로이 합시다.
하느님은 우리가
강인함과 평온함을 잃는 것을
허락지 않으십니다.

로마 주교의 직함 중 하나는 교황입니다. 즉, 하느님으로 통하는 다리, 백성들 사이의 다리를 짓는 자이지요. 우리가 나누는 대화가 모든 백성을 이어주는 다리가 되어 모든 이가 서로를 적이나 경쟁자가 아닌, 다정하게 맞이하고 껴안아줄 형제자매로 볼 수 있게 되기를 소망합니다! 제 태생 때문인지 저는 다리를 짓는 과업에 더욱 매진할 수밖에 없군요. 여러분도 아시다시피, 제 가족은 이탈리아 혈통입니다. 그래서 멀리 떨어진 장소들과 문화들 간의 대화, 세상 양끝 간의 대화는 제게 아주 중요합니다. 오늘날 세상의 양끝은 점점 더 가까워지고 서로에게 의지하고 있으며, 함께 만나 진정한 형제애를 다질 현실적인 장을 더욱 필요로 하고 있습니다.

최후의 만찬을 함께한 사도들처럼,
교회는 설교할 때 성령의 불길이
타오를 수 있도록
늘 기도로 시작해야 합니다.
하느님과의 충실하고 열정적인 관계를
통해서만 자신의 제약에서 벗어나
복음을 용감하게 선포할 수 있습니다.
기도가 없다면 우리의 행동은 공허하며,
우리의 선포는 영혼을 지니지 못하고
성령의 힘을 받지 못합니다.

세우기. 교회 세우기에 대하여.
우리는 돌에 관하여
이야기합니다. 돌은 단단합니다.
하지만 이 돌은 성령에게
기름 부음을 받은 살아있는
것들이지요. 하느님 자신이신
초석 위에 그리스도의 신부인
교회를 세우는 것.
이는 우리 삶의 또 다른 움직임,
'세우기'입니다.

부활하신 그리스도는 인간들의 죄를 용서하고

그럼으로써 사랑의 나라를 키우기 위하여,

그리고 인간들의 마음에 평화의 씨를 뿌려 모든 사회와

제도 속에서 그들의 마음을 더욱 끈끈하게 이어주기 위하여

교회를 보내셨습니다.

훌륭한 그리스도인이
되기 위해서는 우리가 죄인임을
깨달아야 합니다.
누구라도 이를 깨닫지 못하면,
그는 훌륭한 그리스도인이 아닙니다.
그것이 첫 번째 조건입니다.
하지만 진정으로 자신의 죄를
깨달아야 합니다. "나는 이런
이유 때문에, 저런 이유 때문에,
또 다른 여러 가지
이유 때문에 죄인이야."
이는 예수님을 따르기 위해
가장 먼저 갖춰야 할 조건입니다.

우리와 주님 사이를 떨어뜨려 놓는 매우 심각한 유혹 중 하나는
패배를 의식하는 것입니다.
믿음은 본래 투쟁적인데, 우리의 원수인 악의 천사가 빛의 천사로 변신하여
비관의 씨를 뿌립니다. 먼저 자신의 승리를 완전히 믿지 않는 자는
투쟁을 계속해나갈 수 없습니다…….

……이런 신념이 없는 사람은

전투를 시작하기도 전에 절반은 패배한 것이나 다름없습니다.

그리스도인의 승리는 항상 십자가,

승리의 기준인 십자가입니다.

예수님은 혼자 행동하기를 원치 않으시며,

하느님의 사랑을 세상에 전파하기 위해 오셨습니다.

또한 그 사랑을 친교와 형제애의 방식으로 널리 퍼뜨리고자 하십니다.

그래서 예수님은 제자들의 공동체,

즉 선교 공동체를 만들어내십니다.

그리고 제자들을 훈련시켜

지체 없이 선교 여행을 떠나도록 하십니다…….

……하지만 주의를 기울여주십시오. 그들의 진정한 목적은 친목을 쌓고 함께 시간을 보내는 것이 아니라 하느님의 나라를 선포하는 것입니다! 이것은 아주 절박한 일입니다! 지금도 여전히 절박합니다. 잡담에 빠져있을 시간도, 모두의 동의를 기다릴 필요도 없습니다. 밖으로 나가 선포해야 합니다. 모든 사람에게 그리스도의 평화를 전해주십시오. 그들이 반기지 않는다 해도 밀고 나가십시오. 병든 자들을 치유해주십시오. 하느님은 인간의 모든 악을 치유하길 원하시니까요.

내가 여러분에게 전하고 싶은 첫마디는 이것입니다. 기뻐하십시오! 슬픈 사람이 되지 마십시오. 그리스도인이라면 슬플 리가 없으니까요! 절대 낙담하지 마십시오! 많은 것을 가져서 기쁜 것이 아니라, 우리 사이에 계신 예수 그리스도를 만났기에 기쁜 것입니다. 그분과 함께라면 아무리 힘겨운 순간이라도, 삶에서 극복할 수 없을 것 같은 문제와 장애물에 부닥쳤을 때라도 결코 혼자가 아님을 알기에 기뻐할 수 있습니다……. 그분은 우리와 함께하시며 우리를 당신의 어깨에 짊어지십니다. 이것이 바로 우리의 기쁨입니다.

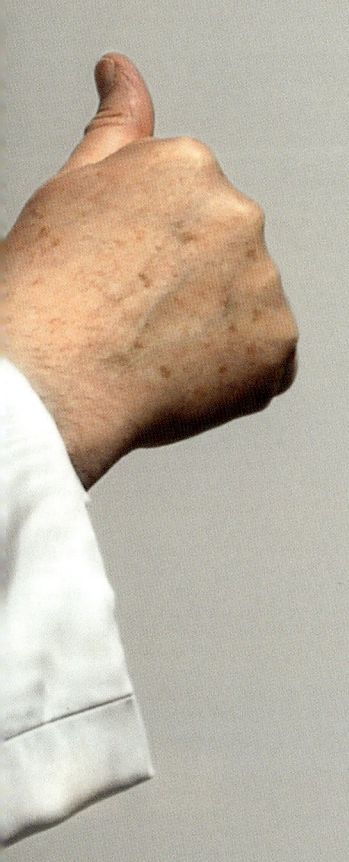

교회에서 가장 중요한 사람이란 없습니다. 하느님의 눈에는 모두 평등합니다. 여러분 중에 "교황님은 우리와 동등하신 분이 아니잖아요."라고 말하는 사람도 있겠지요. 아니요, 저는 여러분과 다를 바 없습니다. 우리 모두는 평등한 형제자매입니다! 무명인은 아무도 없습니다. 우리 모두가 교회를 구성하고 지어 올립니다. 그러니 그리스도인으로서의 우리 삶이라는 벽돌이 교회에서 빠져버린다면 교회의 아름다움도 빛이 바래겠지요. "난 교회와 아무런 관계도 없어."라고 말하는 사람들도 있지만, 그러면 이 아름다운 신전에서 삶의 벽돌은 제자리에 끼워지지 못합니다. 누구도 떠나서는 안 됩니다. 다 함께 우리의 삶, 우리의 마음, 우리의 사랑, 우리의 생각과 일을 교회로 가져와야 합니다.

안타깝게도 예수님의 부활에 대한 믿음을 흐리려는 시도들이 심심찮게 이루어져 왔고, 신자들 사이에서조차 의심하는 마음이 슬그머니 생기기 시작했습니다. 어떤 의미에서 이런 믿음은 '장미 향수'처럼 감상적이며, 독실하지 않습니다. 이는 우리가 신앙보다 더 중요하게 여기는 수많은 일에 치여 예수님을 피상적으로 믿고 가끔은 무심하기까지 하기 때문입니다. 혹은 수평적인 인생관을 가져서입니다. 그러나 우리에게 더 큰 희망을 열어주는 것은 부활 그 자체입니다. 왜냐하면 부활이야말로 우리의 삶과 세상을 하느님의 영원한 미래로, 충만한 행복으로, 사악함과 죄와 죽음을 극복할 수 있다는 확신으로 이끌기 때문입니다. 그러면 우리는 일상적인 상황들을 용감하고 단호하게 마주하며 더 큰 믿음으로 살아갈 수 있게 됩니다. 그리스도의 부활은 이런 매일의 상황들에 새로운 빛을 비추어줍니다. 그리스도의 부활이 곧 우리의 힘입니다!

노동의 존엄성과 중요성에 대하여.

창세기는 하느님이 인간을 창조하여, 땅을 가득 채우고 지배하는 과업을 맡기셨다고 말합니다. 이는 땅을 착취하라는 것이 아니라 잘 일구고 지키며 일함으로써 돌보라는 의미입니다(창세기 1장 28절, 2장 15절). 노동은 하느님이 세우신 애정 어린 계획의 일부입니다. 하느님은 우리가 천지 만물을 경작하고 돌봄으로써 당신의 창조 사업에 함께 참여하도록 하셨습니다! 노동은 인간의 존엄성에 꼭 필요한 요소입니다. 한마디로 노동은 우리에게 존엄성을 '도유해주고', 우리를 존엄으로 채워주며, 태초부터 일하셨고 여태 일하고 계시며 늘 행동하시는 하느님과 닮게 해줍니다(요한복음서 5장 17절). 또한 노동은 자기 자신과 가족을 건사하고 국가의 성장에 기여할 수 있는 능력을 줍니다. 그런데 이 대목에서 수많은 국가의 노동계와 기업계가 지금 겪고 있는 어려움을 생각하게 됩니다. 비단 젊은이들뿐만 아니라 수많은 사람이 사회 정의의 한계를 넘어서서 이기적으로 영리만을 추구하는, 순전히 실리적인 사회 관념 때문에 일자리를 찾지 못하고 있습니다.

하느님은 우리가 당신께 가기를
기다리지 않으시고
아무런 편견 없이,
아무런 계산 없이 우리에게
직접 다가오십니다.
그것이 바로 하느님의 모습입니다.
당신께서 언제나 첫발을 내디뎌
우리에게로 오십니다.

식량이 연대 속에
공평하게 분배되고
필요한 것을 약탈당하는 사람이
없었던 시절,
모든 공동체는 극빈층의 요구에
응할 수 있었습니다.
인간과 환경 생태는 서로
떨어질 수 없는 관계입니다.

첫 몇 세기보다 요즈음 더 많은 순교자가 있습니다. 죽음을 맞지는 않지만 그리스도를 위해 '삶을 포기하는' 일상의 순교도 있습니다. 예수님의 논리, 은사(恩賜)의 논리, 희생의 논리에 따라 사랑으로 자신의 임무를 다하는 것이지요. 생각해보십시오. 매일 얼마나 많은 아버지와 어머니가 가족을 위하여 자신의 삶을 바치면서 믿음을 실천하고 있는지! 얼마나 많은 사제, 형제자매가 하느님 나라를 위하여 고결한 섬김을 하고 있는지! 얼마나 많은 젊은이가 자기 욕심을 버리고 아이들, 장애인들, 노인들에게 헌신하고 있는지……. 그들 역시 순교자입니다. 나날의 순교자들, 일상생활의 순교자들입니다!

여러분에게 묻고 싶습니다. 가끔 무언가를 간절히 바랄 때, 걱정이 있을 때 주님의 목소리를 들어본 적이 있습니까? 주님께서 여러분에게 더 가까이 당신을 따라오라고 하시던가요? 그분의 목소리를 들어본 적이 있습니까? 안 들리십니까? 예수님의 사도가 되고 싶었던 적이 있습니까? 위대한 이상을 실현하기 위해서는 청춘을 걸어야 합니다. 여러분도 이렇게 생각하십니까? 동의하십니까? ……

……예수님께 당신이 우리에게 원하는 바가
무엇인지 물어보고 용기를 내십시오, 용기를!
그분께 물어보십시오. 성직자가 되어야 한다는,
혹은 봉헌하는 인생을 살아야 한다는 소명 의식의 앞뒤에는
늘 할머니, 할아버지, 어머니, 아버지, 공동체와 같은
누군가의 간절하고 치열한 기도가 있습니다.

진리는 움켜잡을 수 있는
사물이 아니라
조우하는 것입니다.
진리는 소유물이 아니라
예수 그리스도와의
만남입니다.

통치는 기술입니다.
그래서 배울 수 있습니다.
또한 과학이기도 하지요.
그래서 공부할 수 있어요.
통치는 헌신과 권력,
끈기를 요하는 직무입니다.
그러나 무엇보다
미스터리입니다.
늘 논리적인 상식으로
설명되지는 않으니까요.

배운 것이 지나치게 많아
차분히 차를 들면서도 신학 문제들을 논하는
뻣뻣한 그리스도인이 되어서는 안 됩니다.
안 돼요! 용기 있는 그리스도인이 되어 그리스도의 참된 육신인 사람들,
그리스도의 육신인 자들을 찾아 나서야 합니다!

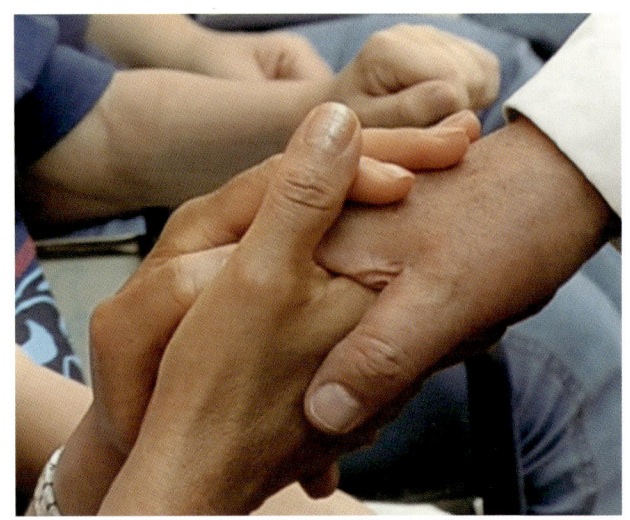

예수님은 당신께서 하느님 아버지와 맺고 계신 것과
똑같은 관계를 당신의 친구들과 맺길 원하십니다.
완전한 신뢰, 친밀한 교감 속에 서로에게 속하는 관계 말입니다.
이 깊은 이해심과 우정을 표현하기 위해 예수님은 자신을
양과 함께하는 목자에 비유하십니다. 예수님이 그들을 부르면
그들은 그분의 목소리를 알아듣고, 그분의 부르심에 응하여
그분을 따르지요.

예수님은 집이 없습니다.

그분의 집은 곧 사람들이고,

그분의 거처는 곧 우리이며,

그분의 사명은 만인에게 하느님의 문을 열어주고,

하느님의 사랑을 보여주는 것입니다.

미천한 자는 잃을 것이 없습니다.
하느님은 오히려 그들에게
길을 보여주십니다
(마태오복음서 11장 25~26절).
지금이 보복, 승리, 축재(蓄財)의
시간이 아니라는 사실을,
우리의 문화 속에 있는 주님의 밀밭에
원수들이 불화의 씨를 뿌려 놓아
그 두 가지가 함께 자란다는
사실을 잊지 말아야 합니다.
지금은 습관에 물들 때가 아니라,
허리를 구부려 다윗의 돌팔매를 위한
다섯 개의 돌멩이를 모아야 할 때입니다
(사무엘기 상권 17장 40절).
지금은 기도해야 할 시간입니다.

복음을 전하는 것은
교회의 사명입니다.
소수만의 사명이 아니라
저, 여러분, 우리 모두의 사명입니다.

교회는 개종이 아니라 매력을 통하여, 증인들에 힘입어 성장합니다. 그리스도인들은 하느님의 사랑이 보여주신 불가사의한 신비를 고마워하는 마음으로 회심해야 합니다. 그 신비는 성자의 죽음과 부활에 관여하였으며, 신앙심 깊은 인생이 탄생할 때마다, 용서를 통해 한 생명이 갱생하고 치유될 때마다, 그리스도와 똑같은 깨달음을 마음에 뿌려주는 성체를 모실 때마다 우리와 함께하고 있지요.

예수님의 부활을 제일 처음 목격한 증인은 여인들이었습니다. 아름다운 일이지요. 이는 여성의 사명입니다. 자녀들과 손자들에게 예수님이 아직 이 세상에 계시다고, 살아계시다고, 부활하셨다고 증언하는 것은 어머니들과 여성들의 사명입니다. 어머니들과 여성들이여, 계속 증언해주십시오! 하느님에게 중요한 것은 마음입니다. 우리가 얼마나 그분에게 마음을 열고, 의심을 모르는 어린아이처럼 그분을 믿는지가 중요합니다.

이쯤에서 여성들에 대해 생각해봅시다. 예나 지금이나 여성들은 교회와 신앙의 여정 속에서 주님께로 향하는 문을 열고, 그분을 따르며, 그분의 거룩하신 얼굴을 전파하는 일에 특별한 역할을 하고 있습니다. 신앙이란 늘 단순하고도 깊은 사랑을 요하기에 그렇지요. 사도들과 제자들은 부활을 쉽게 믿지 못하였습니다. 베드로는 무덤으로 달려가지만 빈 무덤 앞에 멈추어 섭니다. 토마스는 예수님의 몸에 난 상처를 손으로 직접 만져보고 나서야 믿지요. 그러나 여인들은 그렇지 않았습니다.

신앙의 길에서는 우리를 향하신 하느님의 사랑을 아는 것, 느끼는 것, 그분을 사랑하기를 두려워하지 않는 것 또한 중요합니다. 신앙은 입술과 마음으로, 말과 사랑으로 고백해야 합니다.

교회는 모든 사람이
하느님 아버지의 상냥함과 관대함에
안기도록 이끌어줍니다.

남을 용서하기란 어려운 일입니다.
주여, 언제나 용서할 수 있도록
우리에게 당신의 자비를 베푸소서.

지금 세상을 지배하는 것은 인간이 아니라 돈, 돈, 돈입니다. 하느님 아버지는 우리에게 땅을 지키라는 임무를 주셨습니다. 돈을 위해서가 아니라 우리 자신과 다른 사람들을 위해서 말입니다. 우리에겐 이런 과제가 있습니다! 그럼에도 불구하고 인간들은 이익과 소비라는 우상, 즉 '낭비의 문화'에 희생되고 있습니다. 사람들은 컴퓨터가 고장 나면 큰일이라며 호들갑을 떨지만, 수많은 사람의 궁핍과 가난, 비극적인 사연들은 평범한 일로 치부해버립니다.

예를 들어 어느 겨울 밤 여기 오타비아노 거리에서 누군가가 죽는다면 그건 뉴스거리도 되지 않습니다. 세계 수많은 곳의 아이들이 아무것도 먹지 못하고 있다면, 이 또한 새로운 소식이 아니라 평범한 일처럼 보입니다. 평범한 일일 리가 없지요. 그런데도 대수롭지 않게 여기는 겁니다. 집 없는 사람들이 거리에서 얼어 죽는데도 관심을 기울이지 않습니다. 이와는 반대로, 몇몇 도시에서 주가가 10포인트 떨어지는 건 비극이 됩니다. 사람의 죽음은 뉴스거리가 되지 못하고, 수입이 10포인트 줄어드는 것이 비극이랍니다! 이런 식으로 사람들은 마치 쓰레기처럼 버려지고 있습니다.

세 번째는 고백입니다. 우리는 원하는 만큼 걸을 수 있고
많은 것을 지어 올릴 수 있지만, 예수 그리스도에 대한 믿음을 고백하지 않으면
아무 소용이 없습니다. 자비로운 NGO(비정부기구)가 될 수 있을지는 몰라도
주님의 신부인 교회는 되지 못할 겁니다.
걸어가지 않으면 멈춰 서게 됩니다……

……돌들 위에 집을 짓지 않는다면, 어떤 일이 벌어질까요? 해변에 모래성을 짓는 아이들과 똑같은 일을 당하게 되겠지요. 모든 것이 휩쓸려나가고, 견고함이란 없을 것입니다. 우리가 예수 그리스도에 대한 믿음을 고백하지 않는다면, 레옹 블루아의 말처럼 되겠지요. "주님께 기도하지 않는 자는 악마에게 기도하는 것이다." 예수 그리스도에 대한 믿음을 고백하지 않는 것은 악마의 속된 마음, 마귀의 속된 마음을 믿는다고 시인하는 것이나 마찬가지입니다.

가난한 자, 병든 자, 도움이 필요한 자, 어려움에 처한 형제 등을 위한 실질적인 행동으로 우리를 이끌지 않는 기도는 헛되고 불완전합니다. 그렇다고 해서 교회가 오로지 행동에만 신경을 쏟는다면, 세속적인 영향력·기능·체계는 더 좋아지겠지만 그리스도가 중심이라는 사실은 잊고 말 겁니다. 기도의 시간을 따로 마련하여 그리스도와 대화를 나누지 않는다면, 우리는 빈곤한 형제자매에게 깃들어 계신 하느님이 아니라 자신을 섬기는 꼴이 되고 말 겁니다.

우리는 절대자에 대한 목마름이 이 세상에서 꺼지지 않도록 계속 지키고, 인간을 생산과 소비로만 정의하는 일차원적인 시각, 우리 시대의 가장 음험한 이 유혹에 저항해야 합니다.

손쉬운 이득을 바라는 탐욕 탓에
여전히 분열되어 있는
온 세상에 평화가 깃들기를,
인간적인 삶과 가족을 위협하는 이기심,
21세기에 가장 만연한 노예 제도인
인신매매에 존속하는 이기심으로 인해
상처 입은 온 세상에 평화가 깃들기를!
마약 거래와 관련된 폭력과
천연자원의 부정한 착취로
갈가리 찢긴 온 세상에 평화가 깃들기를!
우리 지구에 평화가 깃들기를!

살기 위해서는 몸통과 손발이 하나로 연결되어야 하지요. 화합은 언제나 갈등보다 우월합니다! 갈등을 제대로 해결하지 않으면 우리는 분열되고 하느님으로부터 멀어지고 맙니다. 갈등은 우리의 성장을 돕기도 하지만, 우리를 갈라놓기도 합니다. 우리끼리 싸우며 분열되는 길로 빠져서는 안 됩니다! 서로의 차이 속에서도 언제나 화합하는 것, 이것이야말로 예수님의 방식입니다. 화합은 갈등보다 우월합니다. 화합은 우리가 주님께 청해야 할 은총입니다. 그 은총으로 주님은 분열, 갈등, 이기심, 험담의 유혹으로부터 우리를 해방시켜주십니다. 험담은 우리에게 얼마나 큰 해를 끼칩니까, 얼마나 큰 해를! 다른 사람을 험담하지 마십시오, 절대로! 그리스도인들 사이의 분열, 편견, 그리고 편협한 관심사는 교회에 큰 해를 끼칩니다.

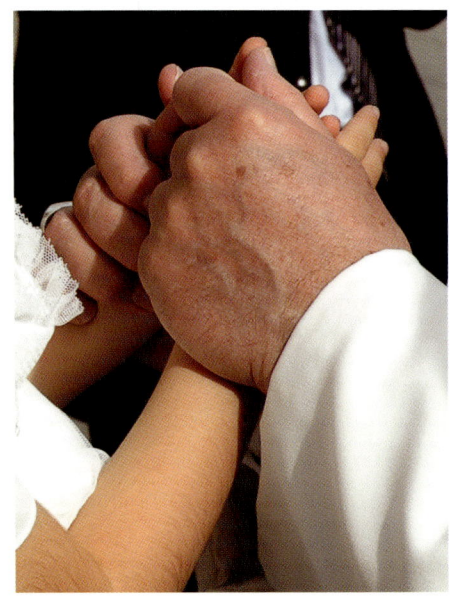

하느님을 옆으로 제쳐두고 우리 자신을 중심에 놓으려는 유혹은 늘 가까이에 있으며, 죄악의 경험은 그리스도인으로서의 삶, 하느님의 자녀로서의 삶을 훼손합니다. 그러므로 우리는 용기 있는 신앙으로, "하느님이 꼭 필요한 건 아니야, 우리에게 중요하지 않아."라는 생각에 끌려가지 않도록 노력해야 합니다. 오히려 그 반대니까요. 우리의 결점과 죄에도 절망하지 않고 하느님의 자녀답게 행동해야지만, 그리고 그분의 사랑을 느껴야지만 우리의 삶은 고요함과 기쁨으로 가득 차고 새로워질 것입니다. 하느님은 우리의 힘이십니다! 하느님은 우리의 희망이십니다!

이제 주님께서 우리에게 주신 재능, 영적이고 지적이고 물질적인 재산, 이 모든 것을 묻어버리고 자기 속에만 틀어박힐 것이 아니라, 마음을 열어 다른 이들을 격려하고 배려해야 합니다. 광장에서 수많은 젊은이를 보았습니다. 젊은이들이 많습니까? 어디에 있나요? 이제 막 삶의 여정을 시작한 여러분에게 묻겠습니다. 하느님께서 여러분에게 주신 재능에 대해 생각해본 적이 있나요? 어떻게 하면 그 재능을 이용하여 다른 사람들을 도울 수 있을지 고민해본 적 있나요? 여러분의 재능을 그냥 묻어두지 마십시오! 마음을 넓혀주는 이상, 여러분의 재능이 결실을 맺을 수 있게 도와줄 유익한 이상, 그 위대한 이상에 매진하십시오. 우리에게 삶이 주어진 것은 자신을 위해 그 삶을 탐욕스럽게 지키라는 의미가 아니라, 남들에게 베풀라는 뜻입니다. 젊은이들이여, 깊은 영혼을 가지십시오. 원대한 꿈을 품는 것을 두려워하지 마십시오!

예수님은 여러분에게 그리스도인이 되라고 강요하시지 않습니다. 하지만 여러분이 그리스도인이라고 말한다면, 예수님이 세상을 새로이 하고, 여러분의 삶을 새로이 하고, 여러분의 가족과 공동체를 새로이 하고, 모든 이를 새로이 할 수 있는 힘을 가지셨음을, 그런 힘을 가진 유일한 분이심을 믿어야 합니다. 우리는 이 메시지를 마음에 품고, 이런 일을 하시는 예수님의 성령이 주시는 감화에 복종할 수 있게 해 달라고 하느님 아버지에게 청해야 합니다.

일부 거짓 종교 강론으로 인해 생겨난 사랑의 부재,
사랑의 세속화와 영원한 타락은 우리의 인간성을 빼앗을 뿐만 아니라
결국에는 우리의 정치적 색채까지 없애버립니다.
반면에 사랑은 공동의 것, 그중에서도 개개인의 이익을 강화하고
지탱해주는 공동선에 관심을 기울이기를 주저하지 않습니다.

우리의 하느님은 가까이 다가오시는 신입니다.
몸소 가까이 오시는 신입니다. 당신의 백성들과 함께 걸으셨으며,
나중에는 더 가까워지기 위해 예수 그리스도 안에서
백성들과 하나 되신 신입니다.

닫혀있는 교회는 병이 듭니다, 병들고 말아요.
일 년 동안 문이 닫혀있던 방을 상상해보세요.
그 안에 들어가면 퀴퀴한 냄새가 나고,
많은 것이 망가져있을 것입니다. 스스로 문을 닫은 교회는 병든 교회입니다.
교회는 자기 밖으로 나가야 합니다. 어디로 가느냐고요? 그곳이 어디든,
존재의 변두리를 향해 가야 합니다.

믿음의 문턱을 넘는 것은
곧 행동하는 것, 교회에 계시며
시대의 징후들 속에 모습을
드러내시는 성령의 힘을 믿는
것입니다. 현재보다 과거가 낫다는
무력한 패배주의에 굴하지 않고
삶과 역사의 부단한 움직임에
발맞추는 것입니다.
하루빨리 새로운 것을 생각하고,
그것을 일으키고 창조하며,
정의와 신성함이라는
새로운 누룩으로 삶을
빚어야 합니다(고린토전서 5장 8절).

보지 않고도 믿은 자들은 누구였습니까? 그들은 바로 사도들과 여인들의 증언을 듣고 부활하신 예수님을 만나지 않고도 믿은 제자들, 예루살렘의 남자들과 여인들입니다. 이는 믿음에 대한 아주 중요한 이야기로서, 믿음의 지복(至福)이라 부를 수 있을 것입니다.
보지 않고도 믿은 자들은 복이 있습니다. 이것이 바로 믿음의 지복입니다!

그리스도는 악을 상대하여 단번에 완전한 승리를 거두셨지만,

이 승리를 우리의 삶 속으로,

역사와 사회의 실제 상황 속으로 기꺼이 맞는 것은

우리의, 모든 시대 사람들의 몫입니다…….

……그러므로 오늘 전례에서는 하느님께 더욱 힘주어 청해야겠습니다.

"오 하느님, 새로운 자손으로

당신의 교회를 끊임없이 키우시는 하느님,

당신의 종들이 믿음으로 받아 모신 성체를

그들의 삶 속에서 계속 간직하게 하소서."

도시에 거하시며
일상생활에 관여하시는
우리 하느님은 차별하지도
비교하지도 않으십니다.
그분의 진리는 서로 다르면서도
각각의 유일성을 지닌
얼굴들을 인지하는
만남의 진리입니다.

하느님은 불운한 사람을
길 건너편에서 보고는
그저 동정하거나 지나치지 않고
도움의 손길을 뻗은
사마리아인처럼 생각하십시오.
사마리아인은 상대가 유대인인지
이교도인지 사마리아인인지,
부자인지 가난뱅이인지 묻지 않으며
아무런 보답도 요구하지 않은 채
그 사람을 도왔습니다.
하느님 역시 이와 같은 분이십니다.
하느님은 자신의 양을
지키고 구하기 위해 목숨을 내던지는
목자처럼 생각하십시오.

경제와 정치, 사회를 책임지는 자리에 있는 모든 분과 선의를 가진 모든 분에게 부탁드립니다. 천지 만물을 지키고, 자연에 새겨진 하느님의 계획을 지키며, 서로와 환경을 지키는 보호자가 됩시다. 이 세상의 발전에 파멸과 죽음의 전조가 깃드는 것을 막읍시다! 그러나 보호자가 되기 위해서는 우리 자신 또한 잘 지켜야 합니다. 증오와 시기심, 오만이 우리의 삶을 더럽힌다는 사실을 잊지 마십시오! 보호자가 된다는 것은 자신의 감정과 마음을 지킨다는 뜻이기도 합니다. 왜냐하면 선하고 악한 의도들, 지어 올리고 허물어버리는 의도들이 그곳에 깃들어 있으니까요. 선함이나 상냥함을 두려워해서는 안 됩니다!

예수님은 우리가 당신만큼이나 자유로운 그리스도인이 되기를 원하십니다. 그 자유는 하느님 아버지와의 대화, 신과의 대화로부터 얻을 수 있습니다. 예수님은 자기만 생각하고 하느님과 대화하지 않는 이기적인 그리스도인을 원치 않으십니다. 또한 나약하고 자기 의지가 없는 그리스도인, 창의력을 발휘할 줄 모르고 남의 지시대로만 움직이는 그리스도인을 원치 않으십니다. 예수님은 우리가 자유롭기를 원하십니다. 그렇다면 이 자유는 어디서 생겨날까요? 양심에 따라 하느님과 대화할 때 자유로워집니다. 하느님과 이야기를 나누지 못하는 그리스도인, 양심 속에서 하느님의 말씀을 듣지 못하는 그리스도인은 자유롭지 못하지요, 자유롭지 못해요. 그러므로 우리는 자신의 양심에 더 많이 귀 기울이는 법을 배워야 합니다.

왜 이 물이 우리 내면의 깊숙한 갈증을 풀어주는 걸까요? 우리는 물이 생명 유지에 꼭 필요하다는 사실을 알고 있습니다. 물이 없으면 살 수 없습니다. 물은 불을 끄고, 더러운 것을 씻어주며, 땅을 비옥하게 합니다. 로마서에 이런 말씀이 있습니다. "우리가 받은 성령을 통하여 하느님의 사랑이 우리 마음에 부어졌기 때문입니다(5장 5절)." 우리 안에 깃들어 계시면서 우리로 하여금 사랑 자체인 하느님의 삶에 참여토록 하시어 우리를 밝게 비춰주시고, 새로이 하시며, 변화시켜주시는 부활하신 존재의 은사이자 성령이 바로 '생명수'입니다. 그래서 사도 바오로는 그리스도인의 삶이 성령과 그 열매, 즉 '사랑, 기쁨, 평화, 인내, 친절, 선량함, 충실함, 관대함, 자제력'에 의해 움직인다고 말합니다.

삼위일체는 인간 논리의 산물이 아니며, 하느님이 높은 보좌에 계시지 않고 인류와 함께 걸으며 스스로를 내보이신 모습과 마주하는 것입니다. 하느님 아버지를 우리에게 보여주시고 성령을 약속해주신 분은 바로 예수님입니다. 하느님은 이스라엘의 역사 속에서 당신의 백성과 함께 걸으셨고, 예수님은 언제나 우리와 동행하시면서 우리가 모르는 모든 것을 가르쳐주시고 우리를 인도해주시며, 좋은 생각과 영감을 주시는 불 같은 성령을 약속해주셨습니다.

신앙의 모습은
우리가 하느님의 말씀을
실천할 때마다
성장합니다.
행동이 뒤따르는 명상만이
발전할 수 있습니다.

문제는 우리가 지레 싫증을 내고, 그분께 청하려 하지 않고, 용서를 구하는 데 지쳐버린다는 사실입니다. 그분은 용서하심에 있어 절대 지치지 않으시건만, 가끔 우리는 용서를 구하는 일에 지치곤 합니다. 절대 지쳐서는 안 됩니다, 지치지 마십시오! 그분은 우리 모두에게 늘 용서하시고 자비로우신 인자한 아버지이십니다. 그러므로 우리 역시 모든 이에게 자비를 베푸는 법을 배워야 합니다.

매일같이 사목 활동에
헌신하기 위하여 헛된 욕심과
나태, 변덕을 버리는 법을
터득한 일꾼만이
우리를 구속하신 그리스도의
희생을 마음으로 이해하고,
그것을 굳이 입 밖으로
내지 않은 채 부지런한 두 손으로
교회의 화합을 지키고
드높일 것입니다.
거룩한 어머니 교회의
구성원으로서 하느님과 함께하면
우리는 하느님 아버지의 자녀,
하느님 백성의 아버지,
그리고 우리끼리는 형제가
될 수 있습니다.

여기 모인 분들이 대표하는
모든 국가가 여행에 나섰으면 합니다.
그리고 그 여행에서 기준으로 삼았으면
하는 일들이 있습니다.
바로 물질적·영적인 가난과 싸우고,
평화를 구축하며,
다리를 건설하는 것입니다. 하지만
이때 우리가 살고 있는 세상을 사랑하며
성장하는 법을 배우지 않는다면
힘겨운 여정이 될 것입니다.

모든 이에게 화합을 권하고 싶습니다. 그리고 공직자들에게는 다시금 고용을 촉진하는 일에 전력을 기울여달라고 격려하고 싶습니다. 이는 곧 인간의 존엄성에 관심을 가져달라는 뜻입니다. 하지만 무엇보다 희망을 잃지 말라고 말하고 싶습니다. 성 요셉 역시 어려운 순간들을 겪었지만, 결코 믿음을 잃지 않았고 하느님이 결코 우리를 버리시지 않으리라는 확신으로 그 순간을 극복할 수 있었습니다.

우리가 말하는 '집'은 우리가 기꺼이 머물며 자기 자신을 찾고 한 영역에, 한 공동체에 속해있음을 느낄 수 있는 편안한 곳, 거처, 즐거운 환경을 의미합니다. 좀 더 깊은 의미에서 '집'은 아주 친숙한 느낌의 단어로서 따스함, 애정, 그리고 가족 안에서 느낄 수 있는 사랑을 상기시킵니다. 그러므로 '집'은 나이, 문화, 역사는 달라도 함께 살며 서로의 성장을 돕는 사람들 사이의 만남과 관계라는, 인간에게 가장 소중한 보물을 의미합니다. 따라서 '집'은 삶이 성장하고 충족될 수 있는 중요한 곳입니다. 모든 이가 사랑받고 사랑을 베푸는 법을 배우는 곳이니까요. 이런 곳이 바로 '집'입니다.

사람들의 기억은 컴퓨터가 아니라 마음입니다. 마리아 같은 사람들은 여러 가지 일을 마음에 담아두고 잊지 않지요. 이런 의미에서, 스페인은 견실한 성약을 맺고 주님과 주님의 어머니, 성인들을 기억하며, 그 토대 위에 국가들이 영적 화합을 이루어야 함을 가르쳐주었습니다. 기억은 화합과 통합을 이루어내는 힘입니다. 제멋대로 내버려둔 지성이 부패하듯 기억은 한 가족이나 국가에게 꼭 필요합니다. 기억이 없는 가족은 가족이라 부를 수 없습니다. 살아있는 기억이라 할 수 있는 나이 든 구성원들을 존경하지 않는 가족은 붕괴된 가족입니다. 그러나 기억하는 가족과 국민의 미래는 밝습니다.

교회에서나 사회에서나
우리가 두려워하지 말아야 할
중요한 단어는 '연대'입니다.
그것은 우리가 가진 미천한 재능을
하느님께 소용되도록
만들어주는 능력입니다.
우리 삶은 나눔과 베풂 속에서만
결실을 맺을 수 있기에 연대는 중요합니다.
연대야말로 이 세계의 정신이
간절히 바라는 단어입니다.

이 은혜로운 날들 후에
우리 모두가 용기를 갖게 되기를 소망합니다.
그렇습니다, 주님의 십자가를 메고
주님의 임재 속으로 걸어 들어갈 용기,
십자가에 쏟아졌던 주님의 피 위에 교회를 짓고,
단 하나의 영광, 즉 십자가에 못 박힌 예수를
신앙할 용기를 말입니다. 그리고
이런 방식으로 교회는 앞으로 나아갈 것입니다.

노동은 하느님의 애정 어린 계획의 일부이며,
우리는 하느님의 부르심에 따라 천지 만물을 경작하고
보살핌으로써 창조 사업에 동참해야 합니다!
노동은 인간 존엄의 근본을 이룹니다.

여러분도 아시다시피, 이탈리아와 유럽뿐 아니라 가톨릭 신앙을 가지지 않은 이들에게도 친숙한 아시시의 프란치스코를 제 이름으로 선택한 데에는 여러 가지 이유가 있습니다. 그중 가장 중요한 이유는 프란치스코가 가난한 자들에게 베푼 사랑이었습니다. 이 세상엔 아직도 가난한 자들이 얼마나 많습니까. 그리고 그들은 얼마나 큰 고통을 견뎌야 하는지요! 전 세계 교회는 아시시의 프란치스코를 본받아 가난한 자들을 보살피고 지켜주기 위해 늘 애써왔습니다. 지금도 수많은 나라의 그리스도인들이 병자들, 고아들, 집 없는 자들, 소외된 자들을 돕고 좀 더 인간적이고 정의로운 사회를 만들기 위해 고결한 활동을 펼치고 있습니다.

특히 젊은이들에게 말해주고 싶습니다.
여러분의 일상적인 의무,
학업, 일, 교우관계, 봉사에 전념하십시오.
여러분의 미래는 소중한 시간을 어떻게 사용하느냐에
달려있기도 합니다.
전념하고 희생하는 것을 두려워하지 말고,
장래를 걱정하지 마십시오.
희망을 잃지 마십시오.
지평선 위에는 언제나 빛이 있으니까요.

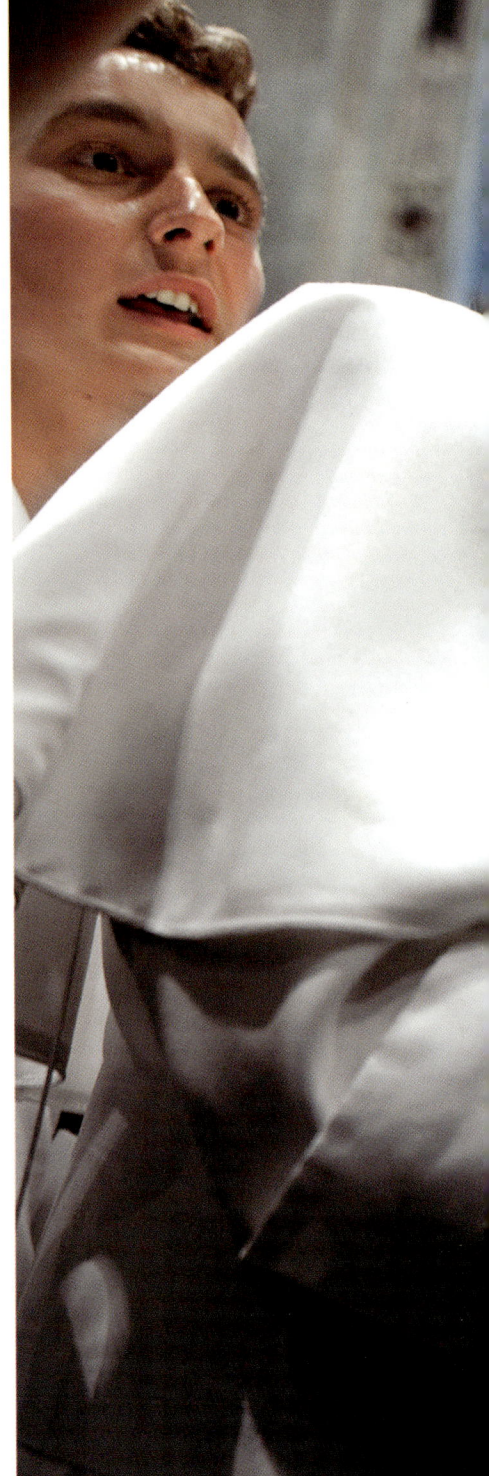

언제나 복음의 위력을
전파하십시오!
두려워 마십시오!
교회에서 나누는 영적 친교에
기쁨과 열의를 느끼십시오!
부활하신 주님께서
늘 여러분과 함께하시길,
성모 마리아께서
여러분을 지켜주시길!

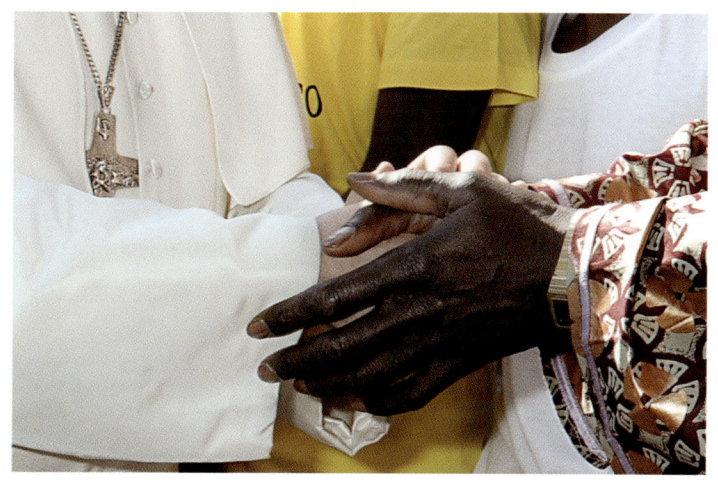

우리 인간이 단지 인류학적 사실을 뛰어넘어 시민이 되는 것은 정치적 영역 내에서 이루어야 하는 과제입니다. 사실 시민이 된다 함은 선(善)의 기운을 널리 베풀어야 할 소명을 지킨다는 뜻으로서, 이는 우정에도 적용됩니다. 그것은 선의 추상적인 개념, 그리고 애매모호한 윤리에 근거한 이론적 숙고인 윤리주의의 문제가 아니라, 선함의 기운과 인간의 본성 자체, 인간의 기질 속에서 발생하는 구체적인 개념에 근거합니다.

노년은 삶의 지혜로 가득 차 있습니다.
노인 시메온, 성전의 늙은 여자 예언자 한나처럼
노인들은 인생의 여정을 통해 지혜를 얻었습니다.
그리고 그 지혜 덕분에 예수님을 알아볼 수 있었습니다.
이 지혜를 젊은이들에게 전해줍시다.
세월이 갈수록 맛이 좋아지는 포도주 같은
삶의 지혜를 젊은이들에게 베풉시다…….

……노년에 대해 노래한 한 독일 시인이 떠오릅니다.
"노년은 고요하며 경건하다."
노년은 평온을 찾고 기도를 올려야 하는 시간입니다.
또한 이 지혜를 젊은이들에게 전해주어야 하는 시간입니다.

우리 모두는 예수님과 친구가 되라는 부르심을 받았습니다.
주님을 사랑하기를 두려워 마십시오.

하느님의 말씀에 마음을 열고,
불시에 우리에게 말씀을 전하시는 주님에게 마음을 엽시다.

판사에게 소환되거나 법적 문제에 휘말린 사람이 가장 먼저 하는 일은 자신을 옹호해줄 변호인을 찾는 것입니다. 우리에게는 항상 우리를 옹호해주시며, 악의 유혹 그리고 우리 자신과 죄악으로부터 우리를 지켜주시는 하느님이 계십니다! 사랑하는 형제자매 여러분, 우리에게는 이 거룩한 변호인인 그리스도가 계십니다. 그분에게 용서를 청하고, 은총과 자비를 구하기를 두려워하지 맙시다! 그분은 언제나 우리를 용서하십니다. 그분은 우리의 변호인이십니다. 언제나 우리를 지켜주십니다! 이 점을 잊지 마십시오!

우리는 선물, 무상의 베풂, 연대의 온전한 의미를 되찾아야 합니다. 만연한 자본주의는 어떤 희생을 치르더라도 이윤을 올리고, 얻을 것이 있을 때만 베풀며, 사람의 인격을 무시한 채 착취하라는 논리를 가르쳤습니다……. 그리고 그 논리의 결과물이 지금 우리가 겪고 있는 위기로 나타나고 있지요! 이 집*은 자비를 가르쳐주는 장소, 즉 자비의 학교로서, 이익을 위해서가 아니라 사랑을 위해서 모든 이를 만나러 가야 한다고 내게 가르쳐줍니다. 이 집의, 뭐랄까요, 음악은 사랑입니다.

* 사랑의 선교 수녀회가 운영하는 이민자 보호소 '도노 디 마리아(Dono di Maria: 마리아의 선물)'

사랑하는 형제자매 여러분, 하느님 아버지가 훌륭하게 설계하신 사랑에 부합하는 교회가 된다는 것, 하느님의 백성이 된다는 것은 우리의 인간애로 하느님의 누룩이 된다는 의미입니다. 여정을 떠날 새로운 힘과 용기와 희망을 북돋아줄 대답을 찾지 못해 가끔 잘못된 길로 빠지기도 하는 이 세상에 하느님의 구원을 선언하고 하느님의 구원을 가져오는 것을 의미합니다. 교회가 하느님의 자비와 희망의 장소가 되기를, 그곳에서 모두가 환영받고 사랑받고 용서받으며, 복음의 선한 삶으로 살아가려는 용기를 얻을 수 있길 소망합니다. 사람들이 환영과 사랑, 용서, 용기를 얻었다고 느끼게 하려면 교회는 누구나 들어올 수 있도록 문을 활짝 열어 놓고 있어야 합니다. 그리고 우리는 이 문을 통해 밖으로 나가 복음을 널리 알려야 합니다.

갈등을 피하는 자는
책임을 지지 않기에
시민이 될 수 없습니다.
그는 일상의 갈등 앞에서
고개를 돌려버리는
주민일 뿐입니다.

노동은 존엄성의 얼굴이며,
개인과 사회의 정체성을 받쳐주는
기둥입니다.
노동의 주관적 관점은
사람들이 생산 과정과 담론 구축에
기여하는 바를 인식하고
평가하는 데 근본적인
축을 이룹니다.

때와 장소를 막론하고

모든 인간은 충만하고 아름다운 삶, 공정하고 선량한 삶,

죽음에 위협받지 않으면서

완전히 성숙하고 성장할 수 있는 삶을 원합니다…….

……인간은 인생이라는 사막을 건너며
생명수를 갈망하는 여행자와 같습니다.
그 신선한 생명수는 콸콸 용솟음치면서
빛과 사랑, 아름다움, 평화를 바라는 깊은 소망을 충족시켜주지요.
우리 모두가 느끼는 이런 소망을 말입니다!

예수님은 가장 평범한 사람들의 일상적인 현실을 사셨습니다. 목자 없는 양떼처럼 보이는 사람들을 마주하면 마음이 움직이셨습니다. 형제인 라자로를 잃은 마르타와 마리아의 슬픔 앞에서 눈물을 흘리셨습니다. 세리(헤롯 안티파스 왕의 세리(세금징수원)였던 마태오—옮긴이 주)를 불러 제자로 삼으셨으며, 친구에게 배신을 당하기도 하셨습니다. 예수님을 통해 하느님은 당신께서 우리와 함께하고 계신다는, 우리 사이에 친히 계신다는 확신을 주셨습니다. 예수님은 "여우들도 굴이 있고 하늘의 새들도 보금자리가 있지만, 사람의 아들은 머리를 기댈 곳조차 없다(마태오복음서 8장 20절)."라고 말씀하셨습니다. 예수님은 집이 없으십니다. 그분의 집은 백성이요, 그분의 거처는 우리이며, 그분의 사명은 모든 이에게 하느님의 문을 열어주고 하느님의 사랑을 세상에 보여주는 것이기 때문입니다.

'시민들'은 논리적인 범주를 구성합니다.
'민중'은 역사적이고 신화적인
범주를 구성합니다. 우리는 사회에 속해
살고있으며, 이를 논리적으로
이해하고 표현합니다.
하지만 민중은 논리적인 방식만으로는
설명할 수 없습니다.
그들은 다른 방식의 이해와
다른 형태의 논리 및 해석학에
기대지 않으면 알 수 없는
또 다른 의미를 지니고 있습니다.
그러므로 시민이 되려면
두 가지 형태, 즉 사회와 민중에
소속되어 살면서
그 속에서 자신을 드러내야 합니다.
우리는 사회 속에서 살며
민중에게 의지합니다.

젊은이들! 젊은이들이여,

행렬을 지어 들어오는 여러분을 보았습니다.

올리브 가지를 흔들면서 예수님을 찬양하는 여러분을 생각해봅니다.

그분의 이름을 외쳐 부르며 그분과 함께하는 기쁨을 표현하는 여러분을

생각해봅니다. 여러분은 신앙 축제에

중요한 역할을 하고 있습니다!

우리에게 신앙의 기쁨을 가져다주는 여러분은 늘 젊게, 일흔이나 여든이 되어서도 젊은 마음으로 신앙의 삶을 살아야 한다고 말해줍니다. 젊은이 여러분! 그리스도와 함께라면 마음은 절대 늙지 않습니다! 그렇지만 우리 모두는 우리가 따르고 우리와 함께하시는 왕이 아주 특별하신 분임을 아주 잘 알고 있습니다. 이 왕께서는 십자가에 못 박혀서도 사랑하시며, 우리에게 봉사하고 사랑하라고 가르치십니다.

역사란 사람들이 한 방향으로 나아가며 대를 이어 만들어내는 것입니다. 그러므로 삶과 문화의 운반차 역할을 하는 사람들이 시간의 흐름에 따라 빚어내는 사건들과 역사적 과정은 물론, 어떤 개인적인 노력(아무리 가치 있다 하더라도)이나 정권교체의 한 국면(아무리 중요하다 할지라도)도 '오랜 시간에 걸쳐 상호작용하는 복잡하고 다양한 전체'의 부분들일 뿐입니다. 사람들은 운명을 위해 싸우고, 존엄한 삶을 얻기 위해 싸웁니다.

교회에 수많은 결실을 가져다준
원대한 외교의 힘은
자비와 참회에 있습니다.
축하해주기 위해
오늘 한자리에 모인
이 공동체의 한 가지 특징은
주변부의 사람들, 극빈자들,
소외된 자들, 버려진 사람들과
가까이 있다는 것입니다.
예수님께서 그랬듯 이 공동체가
스스로를 낮추고 사랑의 장인처럼
그들에게 가까이 다가가
아픔을 달래주고 사랑을 시작할 힘을
낼 수 있는 것도
바로 이런 친밀함 덕분일 것입니다.

감사의 글

폭넓은 지식으로 큰 도움을 준
프란체스카 안젤레티 박사와 마리아 루이사 마리노 부인에게
고마움을 전합니다.

옮긴이 | 이영아

서강대학교 영어영문학과를 졸업하고 성균관대학교 평생교육원에서 전문번역가 양성 과정을 수료하였다. 현재 전문번역가로 활동 중이다. 옮긴 책으로는 《도둑맞은 인생》, 《매직 토이숍》, 《히치콕과 사이코》, 《최고의 공부》, 《트리플 패키지》, 《느리게 읽기》 등이 있다.

사진으로 만나는 교황 프란치스코

1판 1쇄 발행 2014년 7월 30일
1판 2쇄 발행 2014년 8월 5일

지은이 교황 프란치스코
엮은이 주세페 코스타
옮긴이 이영아
감수 김경집

발행인 양원석
편집장 송명주
책임편집 권은정
교정교열 조연혜
표지·본문이미지 제공 로세르바토레 로마노
해외저작권 황지현, 지소연
제작 문태일, 김수진
영업마케팅 김경만, 정재만, 곽희은, 임충진, 장현기, 김민수, 임우열
       송기현, 우지연, 정미진, 윤선미, 이선미, 최경민

펴낸 곳 ㈜알에이치코리아
주소 서울시 금천구 가산디지털2로 53, 20층 (가산동, 한라시그마밸리)
편집문의 02-6443-8854 구입문의 02-6443-8838
홈페이지 http://rhk.co.kr
등록 2004년 1월 15일 제2-3726호

ISBN 978-89-255-5330-6 (03230)

※ 이 책은 ㈜알에이치코리아가 저작권자와의 계약에 따라 발행한 것이므로 본사의 서면 허락 없이는 어떠한 형태나 수단으로도 이 책의 내용을 이용하지 못합니다.
※ 잘못된 책은 구입하신 서점에서 바꾸어 드립니다.
※ 책값은 뒤표지에 있습니다.

RHK는 랜덤하우스코리아의 새 이름입니다.